Monsieur et Madame ont un fils ! (ou une fille)

Comment l'appellent-ils ?

W0342015

Le petit livre de Monsieur et Madame ont un fils (ou une fille)

60, rue Mazarine
75006 Paris – France
Tél. 01 45 49 60 00
Fax 01 45 49 60 01
Courriel : firstinfo@efirst.com
Internet : www.editionsfirst.fr

Cet ouvrage a été proposé par e-Novamedia

ISBN : 978-2-7540-1575-2
Dépôt légal : 3e trimestre 2010
Imprimé en Italie chez Legoprint
11 via Galileo Galilei – 38015 Lavis

Couverture et mise en page : Olivier Frenot

Laurent Gaulet

Monsieur et Madame ont un fils ! (ou une fille)

Comment l'appellent-ils ?

FIRST Editions

Monsieur et Madame

Dissoir

ont un fils.

Comment l'appellent-ils ?

Alain Dissoir

(À lundi soir !)

Monsieur et Madame

Tairik

ont une fille.

Comment l'appellent-ils ?

Alice Tairik

(Ah, l'hystérique !)

Monsieur et Madame

Passa

ont une fille.

Comment l'appellent-ils ?

Amélie Passa

(Ah, mais lis pas ça !)

Monsieur et Madame

Andiselon

ont une fille et un fils.

Comment les appellent-ils ?

Cécile, Hans Andiselon

(Ses silences en disent long)

Monsieur et Madame

Monde

ont une fille.

Comment l'appellent-ils ?

Betty Monde

(Bête immonde)

Monsieur et Madame

Honnette

ont une fille.

Comment l'appellent-ils ?

Camille Honnette

(Camionnette)

Monsieur et Madame

Teuplaikondy

ont une fille.

Comment l'appellent-ils ?

Cécile Teuplaikondy

(C'est s'il te plaît qu'on dit !)

Monsieur et Madame
Noncélouest
ont un fils.

Comment l'appellent-ils ?

Célestin Noncélouest
(C'est l'est, hein ?
Non, c'est l'ouest)

Monsieur et Madame

Tonchienkimpisdeçu

ont une fille.

Comment l'appellent-ils ?

Claudia Tonchienkimpisdeçu
(Claude, y a ton chien
qui me pisse dessus !)

Monsieur et Madame

Dirondel

ont un fils.

Comment l'appellent-ils ?

Denis Dirondel

(Deux nids d'hirondelle)

Monsieur et Madame

Teuruniversel

ont une fille.

Comment l'appellent-ils ?

Donna Teuruniversel

(Donateur universel)

Monsieur et Madame
Fissafercédevoir
ont un fils.

Comment l'appellent-ils ?

Edmond Fissafercédevoir
(Aide mon fils à faire
ses devoirs)

Monsieur et Madame

Laiboul

ont une fille.

Comment l'appellent-ils ?

Ella Laiboul

(Elle a les boules)

Monsieur et Madame
Obilettekacé
ont une fille et un fils.

Comment les appellent-ils ?

Ella, Sam Obilettekacé
(Elle a sa mobylette cassée)

Monsieur et Madame

Dikulisé

ont deux filles.

Comment les appellent-ils ?

Elle, Valérie Dikulisé

(Elle va les ridiculiser)

Monsieur et Madame

Kiaboi

ont un fils.

Comment l'appellent-ils ?

Félicien Kiaboi

(Fais le chien qui aboie)

Monsieur et Madame

Houillette

ont une fille.

Comment l'appellent-ils ?

Grâce Houillette

(Grassouillette)

Monsieur et Madame

Vrante

ont une fille.

Comment l'appellent-ils ?

Héléna Vrante

(Elle est navrante)

Monsieur et Madame

Dipleu

ont un fils.

Comment l'appellent-ils ?

Homère Dipleu

(Oh merde, il pleut !)

Monsieur et Madame
Padanlelavabo
ont une fille.

Comment l'appellent-ils ?

Honorine Padanlelavabo
(On n'urine pas
dans le lavabo !)

Monsieur et Madame

Heupahune

ont deux fils.

Comment les appellent-ils ?

Jean, Loup Heupahune

(J'en loupe pas une)

Monsieur et Madame
Niplancharepasser
ont une fille.

Comment l'appellent-ils ?

Jennifer Niplancharepasser
(J'ai ni fer ni planche
à repasser)

Monsieur et Madame

Patledir

ont un fils.

Comment l'appellent-ils ?

José Patledir

(J'osais pas te le dire)

Monsieur et Madame

Tartine

ont une fille.

Comment l'appellent-ils ?

Kimberley Tartine

(Qui me beurre les tartines ?)

Monsieur et Madame

Ouvoulavétrouvaihou

ont une fille.

Comment l'appellent-ils ?

Océane Ouvoulavétrouvaihou
(Oh, c'est à nous !
Vous l'avez trouvé où ?)

Monsieur et Madame

Oduvillage

ont une fille.

Comment l'appellent-ils ?

Lydie Oduvillage

(L'idiot du village)

Monsieur et Madame
Mileuro
ont un fils.

Comment l'appellent-ils ?

Médhi Mileuro
(Mes dix mille euros !)

Monsieur et Madame
Hutofon
ont une fille.

Comment l'appellent-ils ?

Sacha Hutofon
(Ça chahute au fond !)

Monsieur et Madame

Oukoi

ont deux fils.

Comment les appellent-ils ?

Ted et Bill Oukoi

(T'es débile ou quoi ?)

Monsieur et Madame

Hiléosud

ont une fille.

Comment l'appellent-ils ?

Éléonore Hiléosud

(Elle est au nord, il est au sud)

Monsieur et Madame

Diobète

ont un fils.

Comment l'appellent-ils ?

Ali Diobête

(Ah, l'idiot bête !)

Monsieur et Madame

Honhalor

ont une fille.

Comment l'appellent-ils ?

Anne Honhalor

(Ah, non alors !)

Monsieur et Madame

Lundi

ont une fille et deux fils.

Comment les appellent-ils ?

Bonnie, Ken et Alain Lundi

(Bon week-end et à lundi !)

Monsieur et Madame

Onxa

ont une fille.

Comment l'appellent-ils ?

Cécile Onxa

(C'est si long que ça ?)

Monsieur et Madame

Diossy

ont une fille.

Comment l'appellent-ils ?

Daisy Diossy

(Des idioties)

Monsieur et Madame

Legrononos

ont un fils.

Comment l'appellent-ils ?

Donatien Legrononos
(Donne au chien
le gros nonos)

Monsieur et Madame

Pad'Kulott

ont une fille.

Comment l'appellent-ils ?

Ella Pad'Kulott

(Elle a pas de culotte)

Monsieur et Madame

Tisanfairexprai

ont un fils.

Comment l'appellent-ils ?

Gaspard Tisanfairexprai

(Gaz parti sans faire exprès)

Monsieur et Madame

Vacheval

ont une fille.

Comment l'appellent-ils ?

Hillary Vacheval

(Il arrive à cheval)

Monsieur et Madame

Dossoulsapain

ont une fille.

Comment l'appellent-ils ?

Jessica Dossoulsapain
(J'ai six cadeaux
sous le sapin)

Monsieur et Madame

Sien Assam-Hémaire

ont un fils.

Comment l'appellent-ils ?

Lucien Sien Assam-Hémaire
(Le chien-chien à sa mémère)

Monsieur et Madame

Niclounivisse

ont une fille.

Comment l'appellent-ils ?

Nicole Niclounivisse

(Ni colle, ni clou, ni vis)

Monsieur et Madame

Gol de Koy

ont un fils.

Comment l'appellent-ils ?

Thierry Gol de Koy

(Tu rigoles de quoi ?)

Monsieur et Madame

Fémal

ont une fille.

Comment l'appellent-ils ?

Aïcha Fémal

(Aïe ! Ça fait mal !)

Monsieur et Madame

Danlta

ont un fils.

Comment l'appellent-ils ?

Alphonse Danlta

(Elle fonce dans le tas)

Monsieur et Madame

Paresselénuagilfaibo

ont une fille.

Comment l'appellent-ils ?

Candice Paresselénuagilfaibo
(Quand disparaissent les
nuages, il fait beau)

Monsieur et Madame
Ailapoubelle
ont un fils.

Comment l'appellent-ils ?

David Ailapoubelle
(T'as vidé la poubelle ?)

Monsieur et Madame

Saédadigéré

ont une fille.

Comment l'appellent-ils ?

Dorothée Saédadigéré

(De roter, ça aide à digérer)

Monsieur et Madame

Hairvitemonslip

ont deux fils.

Comment les appellent-ils ?

Jean, Philippe Hairvitemonslip

(J'enfile hyper vite mon slip)

Monsieur et Madame

Hébaite

ont un fils.

Comment l'appellent-ils ?

Hamid Hébaite

(Ami des bêtes)

Monsieur et Madame

Suipourien

ont une fille.

Comment l'appellent-ils ?

Jenny Suipourien

(Je n'y suis pour rien)

Monsieur et Madame

Hainerve

ont un fils.

Comment l'appellent-ils ?

Kim Hainerve

(Qu'il m'énerve !)

Monsieur et Madame

Laivoil

ont une fille.

Comment l'appellent-ils ?

Noémie Laivoil

(Noé mit les voiles)

Monsieur et Madame

Pairsavessa

ont un fils.

Comment l'appellent-ils ?

Simon Pairsavessa

(Si mon père savait ça...)

Monsieur et Madame

Chakété

ont deux filles et deux fils.

Comment les appellent-ils ?

Yvon, Aude, Anne, Marc
Chakété
(Ils vont au Danemark
chaque été)

Monsieur et Madame

Tuputoy

ont une fille.

Comment l'appellent-ils ?

Aimée Tuputoy

(Hé ! Mais tu pues, toi !)

Monsieur et Madame

Sanfrapé

ont un fils.

Comment l'appellent-ils ?

André Sanfrapé

(Entrez sans frapper)

Monsieur et Madame

Dantaire

ont une fille.

Comment l'appellent-ils ?

Carie Dantaire

(Carie dentaire)

Monsieur et Madame

Trident

ont un fils.

Comment l'appellent-ils ?

Chris Trident

(Cri strident)

Monsieur et Madame

Lapandulaleur

ont un fils.

Comment l'appellent-ils ?

Jérémie Lapandulaleur
(J'ai remis la pendule
à l'heure)

Monsieur et Madame

Stralamaison

ont une fille et un fils.

Comment les appellent-ils ?

Ella, Simon Stralamaison

(Elle a six monstres

à la maison)

Monsieur et Madame

Hipournicontre

ont une fille.

Comment l'appellent-ils ?

Hélène Hipournicontre

(Elle est ni pour ni contre)

Monsieur et Madame

Pluketoy

ont un fils.

Comment l'appellent-ils ?

Jonathan Pluketoy

(Je n'attends plus que toi)

Monsieur et Madame

O'Pikheur

ont une fille.

Comment l'appellent-ils ?

Marthe O'Pikheur

(Marteau-piqueur)

Monsieur et Madame

Heutousseul

ont un fils.

Comment l'appellent-ils ?

Sébastien Heutousseul
(Ses bas se tiennent
tout seuls)

Monsieur et Madame

Kaékoutai

ont un fils.

Comment l'appellent-ils ?

Xavier Kaékoutai

(Z'aviez qu'à écouter !)

Monsieur et Madame
Moiférataplasse
ont une fille.

Comment l'appellent-ils ?

Alice Moiférataplasse
(Ah, laisse-moi faire
à ta place !)

Monsieur et Madame

Amaitrelatable

ont un fils.

Comment l'appellent-ils ?

Ahmed Amaitrelatable

(Elle m'aide à mettre la table)

Monsieur et Madame

Hébussavacé

Apréksacegate

ont une fille.

Comment l'appellent-ils ?

Aude Hébussavacé
Apréksacegate
(Au début ça va, c'est après
que ça se gâte)

Monsieur et Madame

Bistrucla

ont un fils.

Comment l'appellent-ils ?

César Bistrucla

(C'est zarbi ce truc-là !)

Monsieur et Madame

Méatraversélaru

ont une fille.

Comment l'appellent-ils ?

Edmée Méatraversélaru

(Aide mémé à traverser la rue)

Monsieur et Madame

Teuzmani

ont un fils.

Comment l'appellent-ils ?

Gédéon Teuzmani

(J'ai des honteuses manies)

Monsieur et Madame

Ecikien

ont une fille.

Comment l'appellent-ils ?

Jessica Ecikien

(J'ai six chats et six chiens)

(en ch'ti)

Monsieur et Madame

Pipourtoi

ont un fils.

Comment l'appellent-ils ?

Nathan Pipourtoi

(Na ! Tant pis pour toi !)

Monsieur et Madame

Temiol

ont une fille.

Comment l'appellent-ils ?

Macha Temiol

(Ma chatte miaule)

Monsieur et Madame

Kafai

ont un fils.

Comment l'appellent-ils ?

Théo Kafai

(Thé ou café ?)

Monsieur et Madame

Délivrunpeu

ont une fille.

Comment l'appellent-ils ?

Alizée Délivrunpeu

(Ah, lisez des livres un peu !)

Monsieur et Madame

Mudahicrin

ont un fils.

Comment l'appellent-ils ?

Albert Mudahicrin

(Ah, le bermuda ! Y craint !)

Monsieur et Madame
Gemouyéhatenssion
ont une fille.

Comment l'appellent-ils ?

Carla Gemouyéhatenssion
(Carrelage mouillé,
attention !)

Monsieur et Madame

Gokirigol

ont un fils.

Comment l'appellent-ils ?

Denis Gokirigol

(Deux nigauds qui rigolent)

Monsieur et Madame

Dubol

ont une fille.

Comment l'appellent-ils ?

Ella Dubol

(Elle a du bol)

Monsieur et Madame
Chaifermai
ont un fils.

Comment l'appellent-ils ?

Guy Chaifermai
(Guichet fermé)

Monsieur et Madame

Diosluici

ont une fille.

Comment l'appellent-ils ?

Kelly Diosluici

(Quel idiot celui-ci !)

Monsieur et Madame

Kuku

ont un fils.

Comment l'appellent-ils ?

Paulo Kuku

(Poil au cul-cul)

Monsieur et Madame

Ultasonnul

ont une fille.

Comment l'appellent-ils ?

Thérèse Ultasonnul

(Tes résultats sont nuls)

Monsieur et Madame

Kusebidon

ont un fils.

Comment l'appellent-ils ?

Alex Kusebidon

(Ah, l'excuse bidon !)

Monsieur et Madame

Lon

ont un fils.

Comment l'appellent-ils ?

Bob Lon

(Beau blond)

Monsieur et Madame

Cligne

ont une fille.

Comment l'appellent-ils ?

Cécile Cligne

(Ses cils clignent)

Monsieur et Madame

Alafrèze

ont un fils.

Comment l'appellent-ils ?

Douglas Alafrèze

(Deux glaces à la fraise)

Monsieur et Madame

Mateurtélai

ont une fille.

Comment l'appellent-ils ?

Annie Mateurtélai

(Animateur télé)

Monsieur et Madame

Liguili

ont un fils.

Comment l'appellent-ils ?

Guy Liguili

(Guili-guili)

Monsieur et Madame

Sahunrubedesvoin

ont une fille.

Comment l'appellent-ils ?

Isabelle Sahunrubedesvoin
(Ils appellent ça un rhume
des foins)

Monsieur et Madame

Sonkui

ont une fille et un fils.

Comment les appellent-ils ?

Léa, Rico Sonkui

(Les haricots sont cuits)

Monsieur et Madame

Tatouille

ont une fille.

Comment l'appellent-ils ?

Sarah Tatouille

(Sa ratatouille)

Monsieur et Madame

Voirskivonvoir

ont un fils.

Comment l'appellent-ils ?

Yvon Voirskivonvoir

(Ils vont voir

ce qu'ils vont voir !)

Monsieur et Madame

De Laminpour-Dirovoir

ont une fille.

Comment l'appellent-ils ?

Alphonsine De Laminpour-
Dirovoir
(Elles font signe de la main
pour dire au revoir)

Monsieur et Madame

Zieuvair

ont un fils.

Comment l'appellent-ils ?

Bruno Zieuvair

(Brune aux yeux verts)

Monsieur et Madame

Daigou

ont une fille.

Comment l'appellent-ils ?

Deborah Daigou

(Des beaux rats d'égout)

Monsieur et Madame

Kroipa

ont un fils.

Comment l'appellent-ils ?

Élie Kroipa

(Elle y croit pas)

Monsieur et Madame

Aidsovetage

ont un fils.

Comment l'appellent-ils ?

Gilles Aidsovetage

(Gilet de sauvetage)

Monsieur et Madame

Ourtalafoissafévomir

ont une fille.

Comment l'appellent-ils ?

Katia Ourtalafoissafévomir

(Quatre yaourts à la fois,

ça fait vomir)

Monsieur et Madame

Osisi

ont un fils.

Comment l'appellent-ils ?

Paul Osisi

(Poil au zizi)

Monsieur et Madame

Rinekikoul

ont une fille.

Comment l'appellent-ils ?

Tatiana Rinekikoul

(T'as ta narine qui coule)

Monsieur et Madame

Babahailékarantekoi

ont un fils.

Comment l'appellent-ils ?

Ali Babahailékarantekoi
(Ali Baba et les quarante
quoi ?)

Monsieur et Madame

Onionfineman

ont une fille.

Comment l'appellent-ils ?

Ashley Onionfineman

(Hache les oignons finement)

Monsieur et Madame
Saipavré
ont un fils.

Comment l'appellent-ils ?

Dick Saipavré
(Dis que c'est pas vrai !)

Monsieur et Madame

Avudotre

ont deux filles.

Comment les appellent-ils ?

Ella, Nadège Avudotre

(Elle en a déjà vu d'autres)

Monsieur et Madame

Idisse

ont un fils.

Comment l'appellent-ils ?

Hamid Idisse

(À midi dix)

Monsieur et Madame

Kabiencherchai

ont une fille.

Comment l'appellent-ils ?

Laura Kabiencherchai

(Il aura qu'à bien chercher)

Monsieur et Madame

Frigosktapri

ont un fils.

Comment l'appellent-ils ?

Roméo Frigosktapri
(Remets au frigo
ce que t'as pris)

Monsieur et Madame
Anlavtoa
ont un fils.

Comment l'appellent-ils ?

Théodore Anlavtoa
(T'es odorant, lave-toi !)

Monsieur et Madame
Bienleptipourmoa
ont un fils.

Comment l'appellent-ils ?

Ambroise Bienleptipourmoa
(Embrasse bien le petit
pour moi !)

Monsieur et Madame

Aupartou

ont un fils.

Comment l'appellent-ils ?

Bob Aupartou

(Bobo partout)

Monsieur et Madame

Smoalplanchai

ont une fille.

Comment l'appellent-ils ?

Deborah Smoalplanchai
(Débarrasse-moi
le plancher !)

Monsieur et Madame
Kredi
ont un fils.

Comment l'appellent-ils ?

Homère Kredi

(Oh, mer… credi !)

Monsieur et Madame

Dufardalexandriwowowo

ont deux filles.

Comment les appellent-ils ?

Leslie, Irène
Dufardalexandriwowowo
(Leeeees sirènes du phare
d'Aleeeexandrie...
Wo ! Wo ! Wo !)

Monsieur et Madame

Aranjpa

ont un fils.

Comment l'appellent-ils ?

Sam Aranjpa

(Ça m'arrange pas !)

Monsieur et Madame

Amesse

ont une fille.

Comment l'appellent-ils ?

Chantal Amesse

(Chante à la messe)

Monsieur et Madame

Dontoilaba

ont un fils.

Comment l'appellent-ils ?

Eddy Dontoilaba

(Eh dis donc, toi là-bas !)

Monsieur et Madame

Plantevairte

ont trois filles.

Comment les appellent-ils ?

Elsa, Rose, Laure Plantevairte
(Elles arrosent
leurs plantes vertes)

Monsieur et Madame

Letracteur

ont un fils.

Comment l'appellent-ils ?

Hercule Letracteur

(Elle recule le tracteur)

Monsieur et Madame

O'Tchoc-Hola

ont une fille.

Comment l'appellent-ils ?

Madeleine O'Tchoc-Hola

(Madeleine au chocolat)

Monsieur et Madame

Mieukilstaise

ont une fille et un fils.

Comment les appellent-ils ?

Yves, Audrey Mieukilstaise
(Il vaudrait mieux
qu'il se taise...)

Monsieur et Madame

Tatianhapa

ont une fille.

Comment l'appellent-ils ?

Tatiana Tatianhapa

(Toi t'en as, toi t'en as pas !)

Monsieur et Madame

Balmaské

ont un fils.

Comment l'appellent-ils ?

Alonzo Balmaské

(Allons au bal masqué !)

Monsieur et Madame

Onsonélapelle

ont une fille.

Comment l'appellent-ils ?

Claire Onsonélapelle

(Clairon, sonnez l'appel !)

Monsieur et Madame

Peulafnaitre

ont une fille et deux fils.

Comment les appellent-ils ?

Geoffroy, Angèle, Firmin
Peulafnaitre
(J'ai froid, on gèle,
ferme un peu la fenêtre !)

Monsieur et Madame

Noustété

ont une fille.

Comment l'appellent-ils ?

Marion Noustété

(Marions-nous cet été !)

Monsieur et Madame
Kulsurmonpihé
ont un fils.

Comment l'appellent-ils ?

Arthur Kulsurmonpihé
(Ahrrrrr !!!! Tu recules
sur mon pied !)

Monsieur et Madame

Tare

ont deux filles.

Comment les appellent-ils ?

Ella, Maggie Tare

(Elle a ma guitare)

Monsieur et Madame
Ouchouillessafémal
ont un fils.

Comment l'appellent-ils ?

Jacques Ouchouillessafémal
(J'accouche... Ouille !
Ça fait mal !)

Monsieur et Madame

Fonfec

ont une fille.

Comment l'appellent-ils ?

Sophie Fonfec

(Saucisson sec)

Monsieur et Madame

Outain

ont un fils.

Comment l'appellent-ils ?

Bill Outain

(Biloute, hein !!!)

Monsieur et Madame

Durine

ont deux filles.

Comment les appellent-ils ?

Anna, Lise Durine

(Analyse d'urine)

Monsieur et Madame

Obahamas

ont un fils.

Comment l'appellent-ils ?

Barack Obahamas

(Baraque aux Bahamas)

Monsieur et Madame

Tine

ont un fils.

Comment l'appellent-ils ?

Clément Tine

(Clémentine)

Monsieur et Madame

Papufairpir

ont un fils.

Comment l'appellent-ils ?

Honoré Papufairpir
(On n'aurait pas pu
faire pire !)

Monsieur et Madame

Labankise

ont une fille.

Comment l'appellent-ils ?

Éléonore Labankise

(Elle est au nord

la banquise ?)

Monsieur et Madame

Delamin

ont trois fils.

Comment les appellent-ils ?

Thierry, Henri, Marc Delamin
(Thierry Henry marque
de la main)

Monsieur et Madame

Dikoidaija

ont une fille.

Comment l'appellent-ils ?

Emma Dikoidaija
(Elle m'a dit quoi déjà ?)

Monsieur et Madame

Hépipioli

ont un fils.

Comment l'appellent-ils ?

Jeff Hépipioli

(J'ai fait pipi au lit !)

Monsieur et Madame

Paihessetroypournoël

ont une fille.

Comment l'appellent-ils ?

Emma Paihessetroypournoël

(Et ma PS3 pour Noël ?)

Monsieur et Madame

McCuloth

ont un fils.

Comment l'appellent-ils ?

Jérémy McCuloth

(J'ai remis ma culotte)

Monsieur et Madame

Mouahunpeutrankil

ont une fille.

Comment l'appellent-ils ?

Agnès Mouahunpeutrankil
(Ah, laisse-moi un peu
tranquille !)

Monsieur et Madame

Pasmoitonpul

ont un fils.

Comment l'appellent-ils ?

Jeffrey Pasmoitonpul
(J'ai frais, passe-moi
ton pull !)

Monsieur et Madame

Zoudanlcou

ont une fille.

Comment l'appellent-ils ?

Debbie Zoudanlcou

(Des bisous dans le cou)

Monsieur et Madame

Golpa

ont un fils.

Comment l'appellent-ils ?

Jerry Golpa

(Je rigole pas)

Monsieur et Madame

Cheduchien de Haure

ont une fille.

Comment l'appellent-ils ?

Mélanie Cheduchien de Haure
(Mets la niche du chien
dehors)

Monsieur et Madame

Kolunoukoi

ont un fils.

Comment l'appellent-ils ?

Julian Kolunoukoi

(Je lui en colle une ou quoi !)

Monsieur et Madame

Plubel

ont deux filles.

Comment les appellent-ils ?

Elle, Ella Plubel

(Elle est la plus belle)

Monsieur et Madame

Mondoudou

ont un fils.

Comment l'appellent-ils ?

Léo Mondoudou

(L'est où mon doudou ?)

Monsieur et Madame

Ostik

ont une fille.

Comment l'appellent-ils ?

Diane Ostik

(Diagnostic)

Monsieur et Madame

Malozo

ont une fille.

Comment l'appellent-ils ?

Mélanie Malozo

(Mets l'animal au zoo)

Monsieur et Madame

Simoi

ont un fils.

Comment l'appellent-ils ?

Adam Simoi !

(À dans six mois !)